Passacaglia

für
VIOLINE UND BRATSCHE.

Frei nach Händel von Johan Halvorsen.

Violine.

Largamente. M. M. ♩ = 88.

ff

p dolce

pp dolcissimo

Con agilità.

p

f

p spiccato

con gracia

f

a tempo rubato

p

Rep. ad lib.

Eigenthum des Ver...   11808

T005664?

Violine.

Passacaglia

für

VIOLINE UND BRATSCHE.

Frei nach Händel von Johan Halvorsen.

Bratsche.

Eigenthum des Verlegers für alle Länder.

11808

Rep. ad lib.

Bratsche.

Bratsche.

Passacaglia

für

VIOLINE UND BRATSCHE.

Frei nach Händel von Johan Halvorsen.

Eigenthum des Verlegers für alle Länder.

11808

Rep. ad lib.